¿CÓMO ENCUENTRO EL ÉXITO?

INTRODUCCIÓN A UNA VIDA PRÓSPERA EN DINERO Y LOGROS

Carol Zurita

¿Cómo Encuentro El Éxito?

Publicación independiente
www.carol-zurita.com
Impreso en los Estados Unidos de América
Titulo del libro: ¿CÓMO ENCUENTRO EL ÉXITO?
Subtitular: INTRODUCCIÓN A UNA VIDA PRÓSPERA EN DINERO Y LOGROS
Tapa blanda ISBN 978-1696244312, Primera edición

Dedicación

Este libro esta dedicado para el mejor,
mentor, coach y compañero; Keagan.
Finalmente, lo entendí. ¡Gracias a ti!

Tabla de Contenido

INTRODUCCIÓN

Usted tiene muchos talentos, trabaja muchas horas al día, y siempre tiene brillantes ideas de negocios, ¡entonces, usted está listo...!

...Está listo para fallar.

Se requiere mucho más que talento, menos horas de trabajo (sí, menos horas de trabajo), y más que brillantes ideas de negocios. Se requiere la acción diaria para el éxito. Además, se necesita persistencia y fe.

Se requiere construir un cuerpo saludable a tiempo, no remendarlo cuando ya esté enfermo.

Se requiere tener hábitos de alimentación saludable para ser saludable, no practicar dietas, y cirugías para perder el volumen de su cuerpo.

Se requiere administrar las finanzas personales para tener más dinero, no esperar más dinero.

Se requiere de constante auto-educación para ser ascendido en una empresa, no exigir con marchas o quejas que solo traen mala reputación a su persona.

Se requiere compartir posibilidades y

buenas noticias para cambiar al mundo, no compartir quejas y desastres que ocurren en el mundo.

Cada individuo espera tener más dinero, tener más tiempo libre, tener mejores oportunidades laborales, más energía física u otro tipo de resultado.

La verdad es que su estado de cuenta de banco actual es el resultado de sus acciones y decisiones con respecto a su ingreso, su salud es el resultado de sus hábitos alimenticios, su peso es el resultado del amor y admiración que le da a su cuerpo, su nivel de conocimiento es el resultado de sus hábitos de lectura diaria , el buen o mal trato de las personas alrededor suyo es el resultado de cómo decide tratarse a sí mismo.

Todos esperan que la cuenta de banco cambie, o el país cambie, que las situaciones cambien, o el numero en la balanza cambie. En realidad, lo que necesita cambiar son los hábitos que desembocan en el resultado antes mencionado.

La cadena de nuevas acciones y experiencias moldean un nuevo tipo de persona. De pronto, se construye una persona diferente con una identidad nueva. Es importante entender tener vocación de construir la persona con los resultados que quiere ser y tener.

¿Cómo Encuentro El Éxito?

Para tener un cuerpo tonificado y sexy no solo se consigue con un abdominal, se consigue con una serie de repeticiones de abdominales en una rutina diaria, mensual, anual y de por vida. Una buena salud no se construye alimentándose con vegetales y proteína por solo una vez. Se requiere de una serie diaria, semanal, mensual, anual y de vida para construir y mantener la salud, energía, y juventud.

Elementos necesarios para tener éxito en sus finanzas;

Valentía para tomar riesgos
Moldear su realidad
Descubrir su valor
Hábitos de billonarios
Administración de las finanzas personales
Adquirir mentalidad de gente rica

CAPÍTULO 1

LA CLAVE DEL ÉXITO: ABANDONAR EL NIDO

Para conseguir los resultados esperados se requiere tomar riesgos, e incluso, tomarlos aun cuando no hay nadie más a bordo de su aventura.

No intento influenciarlo a tomar riesgos sin ningún estudio, análisis de pérdidas y ganancias. Intento decir que todo cambio va a ofrecerle un resultado y esencialmente un aprendizaje y mejor experiencia.

Hacer una investigación, entrevista con personas que lo han hecho antes, además de un simulacro de lo que podría suceder, es importante para evaluar los posibles pros que van a enriquecer su actitud y sentido de éxito. Además, va a estar muy consiente de los posibles contras que la aventura podría traer. Cuando hablamos de los contras y de las posibles fallas, entonces se pueden anticipar con material, equipo de personas y acciones contingentes, para evitar el mayor impacto y más bien esperar aprendizajes y sabiduría.

"Mantenerse en un mismo lugar más de diez años es un desperdicio de vida" – Carol Zurita

---

Después de los seis años, mis padres y las circunstancias me permitieron vivir en dos diferentes ciudades, por lo que me siento tan agradecida y afortunada. Y tomando esos hechos, asumo que es la razón por la que a la edad de dieciséis estaba segura de que mi destino era en otro lugar en el mundo en vez de mi ciudad natal Quito. No fue sino hasta los veinticinco cuando finalmente pude hacer mi sueño realidad. A pesar de que desde los veintidos, iba y venía de países cercanos como Perú, Puerto Rico, Chile y Estados Unidos. Además, intenté varias opciones y programas; investigué, preparé mis finanzas, apliqué para becas de estudios, me acerqué a diferentes embajadas para solicitar visa. Sin mucho éxito, la última opción en mi lista de posibilidades fue China.

Me tomó tres semanas para contactar una

agencia en Guangzhou que me enviara una invitación de visa para un intercambio cultural, el mismo que renuncié cuarenta y cinco días después mi llegada. Pero tomó tres meses para convencer a uno de mis padres para que pudiera salir de casa. Con la aprobación de este paso, fue al mismo tiempo uno acertado.

Con mucha honestidad y nada de vergüenza reconozco que no estaba muy segura del idioma, situación económica, política, y de vida del gigante de Asia.

Se preguntará si en algún momento dudé por temor a la nueva cultura, a la alimentación, o a dejar a mi familia. Quizás el temor se hizo presente, sin embargo, el entusiasmo y la excitación de vivir una realidad diferente eran más fuerte que cualquier otra emoción.

Han pasado ocho años de aquella decisión y ha sido la mejor aventura que he podido contar, y no, jamás me hizo falta conocer la cultura, ni la alimentación regular, aunque en los primeros ocho meses sí me hacía falta mi familia. Pero ocho años después aprendí a convertirme en mi mejor familia. Y si pregunta, si fue fácil y si fueron días de felicidad en Asia, tenga la certeza de que no fue fácil pero todo valió la pena. Incluso, aseguro que si tuviese que vivirlo nuevamente lo haría todo igual.

Con respecto a mi carrera profesional, confío que he logrado mucho en ocho años de lo que quizás un gran profesional logra en una vida de trabajo continuo.

Gracias a mi experiencia en Asia, tengo la absoluta seguridad de que todo es posible. Aprendí a confiar en mí y en mis habilidades para crear soluciones, oportunidades y posibilidades en un país al que llegué sin hablar su idioma y sin conocer su situación de vida y económica.

Persistencia y Valentía

No hay mucha diferencia entre las personas "comunes" de los "genios". De hecho, muchos de los genios de la historia tuvieron muchas desventajas. Por ejemplo: Albert Einstein, quien no fue un genio cuando niño. ¡Vaya! Seguro sabe la historia de Einstein.

¿Y sabe sobre Les Brown? Les es uno de mis oradores motivacionales favoritos, era diferenciado de su gemelo idéntico por su cierto retraso mental. (Wesley era el hermano inteligente, mientras que Les era el gemelo retrasado) Por los últimos diez años, Les Brown ha sido líder en motivación corporativa no solo en Estados Unidos, sino en el Sureste Asiático y Europa.

Otro líder asombroso es el gran Ma Yun o más conocido en el Occidente como Jack Ma, quien fue rechazado una y otra y otra y otra vez en la policía, KFC, e incluso en la Universidad de Harvard.

Si las razones para no tener éxito son: pobreza, edad, inexperiencia, enfermedades crónicas, falta de educación, mal formaciones físicas, dificultades mentales, u otros, los grandes líderes de esta generación nos han demostrado un sinnúmero de veces que para quien quiere ganar, siempre ganará.

La lista de líderes que han roto aquellos esquemas es larga:

Nick Vujicic
Oprah Winfrey
Jack Ma
Les Brown
Winnie Harlow (Chantelle Winnie)
Lisa Nichols
Malala Yousafzai

Aunque me encantaría continuar con la lista, e incluso, dejar detalles de cada uno de ellos, mi intención mayor es dejar muy claro que no hay razón alguna para no tener que persistir hasta lograr ayudar a las masas a descubrir este mundo lleno de posibilidades.

La motivación e inspiración de estos y otros personajes han sido mi razón principal para continuar, aunque no en los últimos 25 años. Para ser franca, aun no estoy clara sobre la meta a la que buscaba llegar.

Cuando tenía dieciséis, el deseo era solamente salir de la realidad en la que vivía.

A la edad de veinticinco, y en China, sabía que lo que debía hacer era sobrevivir y hacer las cosas bien. Durante el segundo año, vivía en un apartamento de ensueño, tenía un ingreso económico que me daba la libertad de comprar y viajar cuanto quisiera, además había encontrado el amor. Había encontrado mi familia en un hogar que se describe al final de los cuentos de princesas.

Diez años más tarde, he encontrado mi meta. También he encontrado los medios, la guía, y el camino. Pudo haber sido suerte o una bendición de Dios. ¡Pensará usted! Yo estoy segura de que siempre fue mi gran deseo ser alguien diferente (no en teoría, pero en la vida real).

La suerte no llega cuando no hay metas claras y la persistencia de alcanzarlas. Dios lo bendice cuando sabe a dónde va.

Los dos tipos de "personas de negocios"

Mi experiencia personal me ha permitido conocer, e incluso, involucrarme con dos tipos de persona de negocios:

- El de la razón: Lo llamo así porque tiene tantas razones para no empezar. Esta persona sueña en construir un negocio y teme no tener las herramientas, inversión, socios compatibles y comprometidos. Además, me he encontrado con personas de mucho conocimiento teórico y en un estado en el que no están a gusto.
- Es tan sencillo encontrar excusas y motivos por lo que no podrían funcionar los proyectos de negocios. El gobierno es corrupto y no apoya al emprendedor, no existen organizaciones con servicios de crédito bajos o sin tarifas de interés, la familia está pasando por cierta situación que requiere aplazar algún intento de empezar un negocio… Los motivos para no empezar continúan.

- El problema no son los motivos, el problema es que mientras se repiten en la mente y se expresa con palabras, entonces todos esos motivos se convierten en una realidad y una verdad.

- Si usted considera que no existen oportunidades para empezar en su comunidad y país, entonces este libro no va a brindar respuestas. Recomiendo otros libros, e incluso, videos sobre el poder de la mente y las creencias.

- El negociante (tomado del libro el Negociante Más Grande del Mundo), a pesar de sus temores mentales, tiene la valentía de colocar sus pies y firmemente pisar sobre aquellas creencias y empezar su negocio. Me he encontrado con negociadores Israelíes, Norte-Americanos, Chinos, Singapurenses, Colombianos, Rusos, Canadienses, Holandeses, Franceses, Marroquíes (entre los que recuerdo), y a pesar de que cada uno tiene su cultura, creencia, hábitos, e idiomas diferentes, todos ellos tienen algo en común: hablan de oportunidades, de ideas y de algunos de los pasos que los llevan al éxito diariamente. Con esto intento decir que es una persona de negocios quien toma acción y progresa y es aquella que mantiene su mente enfocada en oportunidades, mas no en problemas.

Ambos personajes tienen un inicio parecido; están llenos de incógnitas, de temores a que no funcione, incluso comparten las mismas circunstancias externas (el gobierno, las políticas, la falta de inversión...).

El negociante, por su lado, elije tomar un tiempo de investigación, estudio, entrevistas a líderes en su industria. Además, el negociante, hace simulaciones del mejor de los casos y del peor. Esta práctica le ayuda a anticipar posibles situaciones y estar preparado con soluciones inmediatas. También le permite tener una cercanía a la realidad de lo que podría suceder y así evitar suposiciones incorrectas. Otro beneficio de practicar una simulación es tener cercanía de lo que sucedería sin poner en juego la inversión financiera.

Mi intención es crear posibilidades que le permitan tener éxito dentro del mismo punto geográfico del planeta en donde los mismos personajes viven realidades diferentes aun cuando las circunstancias son las mismas.

¿Cómo Encuentro El Éxito?

Cuando se mira al mundo de diferente manera, el mundo cambia para ofrecer lo mejor de sí.

No se requiere de mucha ciencia, demostración, o esfuerzo para asumir la teoría de que su "realidad es una ilusión". En otras palabras, lo que usted vive ahora mismo es lo que elige vivir y creer. Entonces, ahora usted acuerda conmigo que es justo llamar a su situación "una ilusión".

Una vez dicho esto, intento detallar sobre la ilusión en la que vive ahora mismo. Para ello le invito a tomarse diez minutos para echarle un vistazo mental a su situación actual. Siéntase en libertad de responder a las siguientes preguntas en privado o en familia. Además, es recomendable que tome nota de estas preguntas y respuestas y las mantenga por un lapso de 12 meses, después de este periodo de tiempo revise las mismas preguntas y compare sus respuestas. De mi parte espero que su situación futura sea mucho más positiva a la actual. Entonces podrá evaluar su progreso, así como yo lo he hecho por los últimos siete años.

¿Vive en una casa propia?

¿Qué tan grande es su casa?

¿Se siente satisfecho con su rutina?

¿Sus ingresos lo hacen feliz?

¿Tienes sus deudas bajo control?

¿Vive en un país y familia con felicidad y satisfacción?

¿Cuán grande planea crecer con su negocio?

¿Planea tener sucursales en otros países y continentes?

Ahora, hagamos un análisis de su ilusión en base a sus respuestas.

Considerando que las emociones que surgieron al momento de pensar en las respuestas a las preguntas fueron de alegría, confianza, e incluso, se dibujó una sonrisa en su rostro, entonces yo me uno y enorgullezco de su ilusión. Si sus respuestas son positivas, e incluso, fue fácil responder a ellas, ¡continúe creciendo y construyendo con tal alegría, confianza, y empoderamiento! ¡Lo está haciendo muy bien!

Esta guía le ofrece muchas más posibilidades de expansión.

De lo contrario, si al momento de responder a las preguntas suspiros de preocupación emergieron y un nudo en el estómago se formó porque pensó en aquella deuda que parece nunca acabar, o incluso, recordó que ya es hora de pagar la renta de su vivienda o negocio y no está seguro si tendrá los fondos para hacerlo, si esta es su ilusión, entonces es hora de hacer un reinicio de sus creencias.

¿Cómo Encuentro El Éxito?

¡Enhorabuena!

La buena noticia es que este libro está diseñado para brindarle pistas, herramientas y esperanzas para que usted tome la decisión y acción de cambiar esa ilusión. Al final de las páginas se dará cuenta que es tan fácil como chasquear sus dedos.

¿Está dispuesto a empezar?

¡Hagámoslo!

CAPÍTULO 2

LA REALIDAD ES MOLDABLE

¡Usted puede moldear su ilusión!

En este capítulo voy a contarle fragmentos de mi historia y entonces entenderá cómo cambié mi mentalidad de una limitada a una llena de oportunidades y positivismo. Mi intención es que usted también moldee su realidad, así como yo aprendí a hacerlo en medio de una noche cuando me hallaba descalza, en pijamas con mi pasaporte ecuatoriano en una mano y en la otra un teléfono móvil básico que contenía 7 contactos, huyendo de un intento de abuso sexual en mi séptima semana en Shenzhen-China.

En abril de 2012 tras terminar mis estudios universitarios en Ecuador, me encontré frente a frente con la infelicidad. Estaba segura de que solo escapando de aquella "realidad" iba a encontrar la felicidad que pensé estaba muy lejana. De repente, en medio de una búsqueda exhaustiva de posibles "mejores lugares" para mí, encontré la posibilidad de viajar a China, por lo que no dudé ni un instante y apliqué. No estaba muy clara de la precisión geográfica de Asia y China en el mapa, tampoco sabía de su cultura, idioma o situación económica, sin embargo, lo único que tenía importancia para mí era aquel rectángulo gris pegado a mi pasaporte que llevaba las palabras "Visa China" por diecinueve días.

Una vez en Shenzhen, la capital de los electrónicos del mundo, y gracias a mi habilidad de hablar inglés y sumándole mi nivel de paciencia, encontré un trabajo como maestra de inglés en un instituto de idiomas en horario extracurricular.

Cabe mencionar que en China los estudiantes de 3 a 18 años tienen un horario escolar de ocho horas diarias (de 8:00 a 17:00) con una hora de almuerzo y siesta, mismos que se toman dentro de las escuelas también. Después de terminar el día de escuela, los estudiantes tienen la obligación de tomar clases extras como piano, inglés, ballet, artes marciales, lógica-matemática, música y muy pocos toman dibujo o arte porque se cree que las artes son para las personas que tienen un IQ muy bajo y son incapaces de crear un negocio, o incluso, de usar las matemáticas, lo cual es una humillación tremenda para la familia.

Los fines de semana (sábados y domingos) empiezan las clases extras desde las 8:00 y es cuando los niños tienen más clases al día hasta las tres o cinco de la tarde también. Mi horario de trabajo entonces empezaba a las 16:30 hasta las 21:30 de miércoles a viernes, mientras que sábados y domingos el horario de trabajo iba de 7:30 a 19:00.

Al igual que en ciudades importantes, vivir en el centro de la ciudad es más costoso que vivir en el área rural, y Shenzhen no era la excepción. A setenta minutos fuera de la ciudad, había encontrado este hotel con habitaciones amplias por casi la mitad del precio de una habitación más pequeña en un hotel en el área comercial.

Tras solo dos semanas en mi nuevo trabajo en China, un viernes de verano con una temperatura aproximada de treinta y ocho grados centígrados y unos minutos más tarde de las 23:00 de regreso a mi habitación de hotel, estaba bañada y en pijamas ligeras lista para dormir. De repente, escuché a alguien golpeando la puerta de mi habitación. Desde el interior y sin retirarle el seguro de la puerta, pregunté en voz alta: "who is it?". Una voz masculina respondió en español:

—Soy Juan —(nombre ficticio, porque

preferí olvidar su nombre) —. Me contactaste en Shenzhenparty.com sobre la habitación en renta que tengo disponible.

En efecto, cuando conté con un trabajo en la ciudad, sabía que tendría el ingreso económico para alquilar un departamento o quizás una habitación estable para vivir. Me habían recomendado esta página web para encontrar espacios para rentar. Entre tantos miembros registrados en la plataforma elegí contactar a unos de los cientos de contactos latinos que también se encuentran. Habíamos intercambiado un diálogo virtual sobre la habitación dentro del departamento de cinco habitaciones que compartía con otras personas de diferentes nacionalidades. Siguiendo la cultura latina de confiar fácilmente, y además de ser bastante explícita en mi comunicación y situación, no me limité en mencionar que estaba viviendo en un hotel en el distrito de Longhua en donde se hospedan los empleados de la fábrica FoxConn.

Para el conocimiento suyo, estimado lector, FoxConn es la fábrica de electrónicos más grande del mundo, misma que produce para Apple, Samsung, y otras marcas importantes. Su número de empleados casi alcanza un millón en todo el mundo. Empleados con residencia en Brasil, E.U,

Canadá y demás países son hospedados por tiempos limitados en múltiples hoteles en los alrededores de Shenzhen. Es decir, que no existe un solo hotel que no los albergue.

Juan, era letrado en chino y había hecho la investigación respectiva para encontrar mi hotel y número de habitación en un distrito de 1.6 millones de habitantes.

Mi inocencia y confianza al escuchar el idioma español en un país tan lejano me llevó a retirarle el seguro y abrir la puerta. Me presenté estirando la mano y él hizo lo mismo. Le pregunté el porqué de su visita a esa hora. Él respondió que había llegado a buscarme temprano en la tarde y no me encontró, entonces decidió esperar por mí en el lobby del hotel. Parecía muy sincero y de confianza. Además, dijo que él prefería conocerme en persona y entrevistarme para así tener más seguridad de quien viviría en su casa como otra compañera de piso. Eso me sonó muy justo. Imaginariamente, me coloqué en sus zapatos como la administradora de la casa cuyas habitaciones están en renta y pensé que también me gustaría saber quienes son los que se albergan en cada espacio para así mantener y garantizar la armonía de todos los habitantes.

—Tiene sentido —respondí —. Ahora es

muy tarde y mañana debo trabajar muy temprano. ¿Te parece si visito la habitación en renta el martes y conversamos más a detalle? —continué.

—Sí, no hay problema —él respondió—. Te traje té Chino y unos cuantos dulces tradicionales que pensé que te gustarían probar. Déjame te enseño cómo hacer el té —dijo cruzando la puerta sin ninguna solicitud de entrada y empujando ligeramente mi brazo que sostenía la puerta.

Nuevamente mi cultura y educación de casa, en donde debemos mostrarnos agradecidos cuando alguien muestra gestos de generosidad, hizo que no me opusiera, aun cuando estaba incómoda por su presencia.

—Los latinos nos saludamos con abrazo y beso. No debes perder tus raíces —dijo tomándome del brazo y acercándose para abrazarme.

—Mucho gusto Juan, gracias por molestarte en traer el té y demás —dije mientras aceptaba su abrazo muy cerca y distante al mismo tiempo. Entonces, es cuando acariciando mi cabello largo dijo que me veía muy bonita y que extrañaba tanto el roce con una mujer latina porque llevaba muchos años en China relacionándose con mujeres locales.

Me sentí incómoda e intenté soltar mis brazos de él. Con movimiento muy rápido usó sus manos para agarrarme con fuerza de mis brazos dejándome imposibilitada de usarlos para empujarlo. Ese fue el inicio de una batalla física en donde por primera vez yo hacía uso de mis extremidades como defensa personal. Nunca me había encontrado en ningún tipo de confrontamiento físico, ni siquiera en la escuela porque siempre me consideré muy tímida y débil.

Durante mis maniobras de defensa, mi mente solo buscaba opciones de escape. Visualicé rápidamente el lugar en donde reposaba mi pasaporte y tarjeta de débito. En décimas de segundos me preguntaba cómo escapar con todas mis pertenencias. Aquella voz interna me gritaba que debía salir, no había ninguna posibilidad de escapar con mis pertenencias. En medio de una batalla externa con Juan, y una interna con mis pensamientos, decidí que nada iba a ser de ayuda más que mi pasaporte y teléfono para identificarme en caso de reportarme a un consulado por ayuda y para comunicar a mi familia en el otro lado del mundo sobre mi estado.

Alcancé con mis dientes su antebrazo y lo mordí con todas mis fuerzas. Ese último acto me dio el tiempo necesario para saltar fuera de la cama en dirección al escritorio de metal que tenía una lámpara de estudio en la esquina más lejana, mientras que en la otra esquina se había derramado agua que mojaban las bolsas plásticas de las galletitas chinas y mi pasaporte. Todo esto se encontraba a unos 1.20 metros frente a la cama en donde ocurría todo el drama. Alcancé a tomar mi pasaporte y teléfono móvil. Corrí hacia la puerta y me dirigí a las escaleras en lugar del elevador pensando que sería más rápido para escapar o quizás esconderme en un piso más abajo.

Cuando finalmente salí del edificio, continué mi carrera sin ninguna dirección en específico, visualicé una calle oscura, me encaminé a ella y debajo de una cornisa que cubría la luz de los postes dando la oscuridad, me arrimé. Con la cabeza y cuerpo pegados a la pared tibia intentaba retomar la cordura para pensar en una solución.

Mi respiración, pálpito, junto con mi cuerpo entero no encontraban paz alguna. Mi mente solo pensaba en la magnitud del problema y creaba historias de más tragedias. Mientras que mi voz preguntaba una y otra vez «¿Qué puedo hacer ahora? ¿A dónde voy? ¿A quién llamo para pedir ayuda?» Entonces, busqué el número telefónico de los tres nuevos conocidos que había hecho durante las primeras siete semanas en Shenzhen. Marqué sus números una y otra y otra vez y ninguno contestó. Empapada en llanto me preguntaba en voz alta por qué nadie contestaba a mi pedido de ayuda.

Entonces, miré en la pantalla trizada del móvil que eran las 3:34 am. En ese momento, me di cuenta de que había tenido una lucha cuerpo a cuerpo por más de cuatro horas. Estaba tan desconcertada y llena de adrenalina que perdí el control del tiempo. Sin encontrar aun alguna otra alternativa, me senté en el pavimento empolvado, y sin planearlo, pasaron las horas hasta que vi el sol naciendo lentamente en el horizonte.

Para tener control de una posible sorpresiva amenaza no dejé de echar varios vistazos a la vuelta del edificio en el que encontré el lugar seguro. Siendo unos minutos más tarde de las 7:00, miré que Juan estaba saliendo del edificio y se encaminaba hacia la estación de tren más cercana. Esperé unos diez minutos más escondida y entonces regresé al hotel y subí a la habitación en donde estaba mi equipaje. Todo estaba intacto.

Me senté sobre la cama deshecha y con una sensación de alivio porque estaba viva, a salvo y sin más que golpes. Sentí que una cascada delicada de agua abundante tibia caía sobre mí. No pude contener mi llanto, y esta vez, con toda la fuerza de mi garganta liberé toda la tensión que mi cuerpo albergó por todas esas horas.

En ese momento de desconcierto, en voz alta me prometí que nunca más permitiría exponerme a situaciones de peligro porque cuando decido dar mis pasos no hago un estudio, planificación, y evaluación de las acciones siguientes.

Ese fue el momento en que decidí cambiar mi mente y mis hábitos para estar más en control. «Estoy sola y lejos de casa. ¡No puedo regresar ahora! Debo y voy a encontrar la manera de mejorar mi situación. Debe haber personas que puedan ayudarme» Pensé. Estaba decidida a encontrar una mejor vida para mí.

Ahora miro a este evento como el fin de Carol, quien siempre fue la víctima de la familia, de las relaciones amorosas, de la sociedad, y ahora de Juan. Desde ese momento aprendí a tomar acción como Carol, la valiente, la ganadora, la grande.

¡Aprendí a moldear mi ilusión!

Gracias a ese incidente y otros más dirigidos a los varios intentos de negocios, ahora tengo la experiencia y preparación para manejar mi empresa desde Asia al mundo con mucha más madurez, intuición, herramientas y la mentalidad de que existen muchas posibilidades para tener éxito, porque mi mente está diseñada en encontrar respuestas a cualquier situación.

Elegí también apreciar y agradecer por todos y cada uno de esos momentos de dificultad. ¡GRACIAS A ELLOS, HOY PUEDO ASEGURARLE, ESTIMADO LECTOR, QUE TODO ES POSIBLE DESDE LA SITUACIÓN EN LA QUE SE ENCUENTRE!

¿Cómo cambio mi realidad?

1. **Analice la situación actual y descubra a los responsables incluyendo las acciones y decisiones que lo llevaron a estar en donde está.** Es importante que para este ejercicio, invite a su versión más elevada. Es decir que, aunque su situación sea difícil y desesperante, es su niño interior el que habla cuando señala con el dedo a personas o eventos externos como responsables de lo que sucede. Por favor no me malinterprete. No tengo ninguna intención de ofenderlo.

Mire, la mente humana tiene tres niveles según Sigmund Freud, el consciente, preconsciente e inconsciente. Siendo el inconsciente en donde guardamos nuestros sentimientos, pensamientos, impulsos y los recuerdos que se encuentran fuera de nuestro conocimiento consciente.

La mayor parte de los contenidos del inconsciente, según Freud, son inaceptables o desagradables, como los sentimientos de dolor, ansiedad o conflicto. Es decir, que cuando enfrentamos situaciones conflictivas es el inconsciente que conecta con eventos viejos y la emoción simplemente aflora sin el control de la persona. Sin embargo, con práctica y entrenamiento se puede controlar las emociones a través de usar el consciente para sembrar la historia y el gozo que desea en el subconsciente. Es posible y científicamente comprobado que gracias a la neoplastia podemos cambiar y modificar los niveles de la mente.

Habiéndolo explicado, mi intención es que durante el análisis de su situación, los elementos que lo llevaron a ello, usted invite a su consciente para encontrar las posibles soluciones y remover la situación complicada.

2. **Hágase preguntas en voz alta.** ¿De qué color es su casa?

Después de leer esa pregunta, ¿en qué estaba pensando? La respuesta obvia es el color de su casa. Aunque este ejercicio puede parecer ordinario, tiene profundas implicaciones. La pregunta secuestró momentáneamente su proceso de pensamiento y lo enfocó por completo en su casa o departamento. No le dijo conscientemente a su cerebro que pensara en eso; simplemente lo hizo automáticamente.

Las preguntas son poderosas. Escuchar una pregunta no solo afecta lo que hacen nuestros cerebros en ese instante, sino que también puede dar forma a nuestro comportamiento futuro. Y ese puede ser un principio poderoso en el lugar de trabajo.

En otras palabras, el cerebro está diseñado para encontrar respuestas. El famoso autor Napoleón Hill se hizo millonario con su libro "Piense y Hágase Rico", y tiene sentido. Después de entender que el cerebro tiene el poder de encontrar respuestas a preguntas, entonces lo único necesario es Pensar. Empiece a pensar ahora mismo.

Earl Nightingale en su libro "El secreto más extraño" recomienda preguntarse en voz alta varias veces durante el día. La intención es que su mente escuche su voz y en efecto se ponga a trabajar a su favor para proveerle con las respuestas oportunas.

También Robert Kiyosaki habla de preguntarse correctamente. Es decir, en lugar de siempre usar: ¿Por qué me ha ocurrido esto o aquello? haga uso de la pegunta ¿Cómo resuelvo...? y debe mencionar la situación específica con detalles.

Adopte las preguntas en su rutina y se dará cuenta que las respuestas empiezan a brotar. ¿En dónde encuentro las llaves? En lugar de ¿por qué siempre pierdo las llaves?

¿Cómo incremento mi performance en mi trabajo? En lugar de ¿por qué no me ascienden?

3. **Leer autobiografías/biografías de líderes.** Cuando escuché la historia de Lisa Nichols, la esperanza de triunfar apareció en mí. Y no fue su historia específicamente la que cambió mi vida, ya había escuchado y leído anteriormente las historias de Oprah Winfrey, Tony Robbins, Madonna y Les Brown, pero aun creía que ellos tuvieron ese golpe de suerte que yo no creía tener.

Si usted empieza a estudiar la vida de cómo surgieron tantos personajes en negocios, espiritualidad y familia se dará cuenta que se requiere leer y estudiar a todos ellos para encontrar aquella historia relacionada con la suya. Y entonces sentirá aquel switch en usted que cambia y entonces sabe que es posible tener una vida diferente.

La mente necesita de su paciencia y

persistencia.

4. **Intente algo diferente.** Después de haber practicado los puntos anteriores, empiece a buscar posibles nuevas acciones, emociones y pensamientos que sean diferentes a los anteriores. Debe saber que, si continúa pensando, sintiendo y actuando de la misma forma en la que ha venido haciéndolo toda su vida, va a continuar estancado en el mismo lugar.

Enfatizo en el sentir y pensar porque si la situación en la que se encuentra en este momento causa malestar (dolor, frustración, ira, resentimiento, arrepentimiento) y usted elije continuar sintiendo lo mismo entonces no hay cabida a una nueva idea posible de solución.

Pensar en el problema y sus efectos negativos tampoco influye al intestino a actuar en busca de respuestas y soluciones.

Nota: Evadir pensar en soluciones tampoco es una solución. Nuevamente le sugiero que invite a su consciente adulto y tome responsabilidad y acción. El uso de tóxicos como alcohol, drogas, además de la distracción de la televisión, películas, videos, y otros medios, bloquean el proceso natural de su cerebro. Recuerde el libro "Piense y hágase rico". La clave es pensar.

CAPÍTULO 3

EMPODERAMIENTO

S esenta y tres horas de meditación y otras ochenta y cuatro horas leyendo libros como "El secreto más extraño", "Encontrando mi Virginidad", "Piense y hágase rico", "La magia de creer", "Grit" es lo que ha ocurrido en mis últimos veintiún días antes de continuar relatando mi historia aquí.

El resultado de estos ejercicios me ha llevado a ser contratada como consultora por el tercer grupo más fuerte en el país, además de ser invitada en un par de podcasts en US y el Caribe. También, he sido nombrada en un periódico ecuatoriano.

Para conseguirlo, solo he necesitado revisar y afirmar mis logros continuos. Es decir, estar segura de que soy capaz de multiplicar las ventas y crecer la presencia de marcas a nivel internacional. Con esto intento invitarlo a repetir mis prácticas. Puedo asegurarle que de esta manera sus ingresos financieros, además del reconocimiento se multiplicarán.

Su valor neto es igual al valor que se da a usted mismo. Si su precio por hora es de $2.50 entonces ese es su valor neto. Analice sus años de experiencia, conocimiento, aprendizaje, estudios y energía invertida en cada una de sus acciones. No se olvide de sumarle aquella inherente actitud de su trabajo y vida personal.

El latinoamericano ha vivido crisis familiares, de país, y hasta desastres naturales, haciéndolo más fuerte, sabio y nunca apagando su alegría.

Esto ocurre porque cada uno de nosotros tiene tanto valor, tanta fuerza de carácter, y creatividad, que son los elementos necesarios para conseguir avanzar en la vida. Confíe que sus vivencias al igual que las mías son asombrosas y nos hacen asombrosos.

¡SOMOS ASOMBROSOS!

Todos tenemos grandes niveles de valor intrínseco, aun cuando usted no lo sepa.

No solo en la vida personal sino también en los negocios, la creencia sobre usted mismo es y será el combustible para llegar más lejos. Usted debe estar contento e inspirado para continuar construyendo en su trabajo. Usted debe llevar la convicción de que lo que hace es correcto y debe ser más asertivo.

Para muchos empresarios, ser asertivo no es una habilidad que se la adquiere fácilmente.

Existen elementos que confunden a la mente y esta confusión crea emociones disparadas, muchos empresarios toman decisiones siguiendo sus emociones confundiendo la intuición con la emoción. Es aquí en donde cabe mencionar que la práctica diaria de meditación, revisión de las creencias con respecto a sí mismo, intenciones y afirmaciones son la clave para mantener la sobriedad mental.

Antes de continuar con el desarrollo del tema de la creencia de valor personal, lo invito a que haga una pausa en este momento y se acerque a un espejo en este momento. Intente el siguiente ejercicio:

Mirándose fijamente a los ojos repita las siguientes oraciones tres veces: Soy un excelente arquitecto (mencione su profesión u ocupación), mis diseños y mi trabajo son atractivos, beneficiosos, de calidad. Además, soy único y mis habilidades son únicas. Soy el mejor.

¿Pudo hacer el ejercicio?

¿Cómo Encuentro El Éxito?

Si lo hizo sin ningún esfuerzo, felicidades. Trabaje más a menudo con el espejo y súmele más afirmaciones cuando lo hace. Si le ha costado hacerlo, porque ni si quiera puede mantener su mirada en la suya por mucho tiempo, entonces esa es la respuesta del por qué sus ingresos económicos no son los que desearía o por qué no tiene el respeto y reconocimiento que otros lo tienen.

Hey, ¡no se angustie! ¡Puede empezarlo ahora mismo!

Vishen Lakhiani, el CEO de Mindvalley asegura que el éxito empresarial surge desde el centro de la espiritualidad de los individuos. Y aunque esta última línea suene fuera de lugar, le invito a estudiar la biografía de Steve Jobs quien después de mantenerse en meditación en un Ashram en India, construyó la marca más grande del mundo, Apple, con un valor de 3 billones de dólares en el 2019.

Otro personaje que ganó éxito después de ingresar a un Ashram en India por meses es Elizabeth Gilbert, la autora del libro Comer, Orar, Amar, y su película ha recaudado más de 60 millones de dólares.

La lista de exitosos quienes ganaron su fama y millones después de concentrarse en conectar su mente y espíritu es bastante larga. Es decir, que se ha comprobado que se requiere tener una habilidad mental para manejar las emociones y desarrollar la intuición, solo entonces se puede alcanzar las metas externas con resultados que nos hacen feliz.

Si no conoce ningún tipo de acercamiento hacia su propio ser interior o espíritu, aquí comparto un ejercicio sencillo para empezar a construir una mentalidad de ganador y un líder.

1. Cree diálogos diarios consigo mismo frente al espejo.

¡Repita frases que hablen del gran valor que tiene para dar porque usted lo tiene!

Ejemplo: "La tenacidad y responsabilidad me llevan a ser promovido en mi trabajo y por eso me amo y acepto".

"Soy grandiosa porque siempre tengo soluciones para resolver situaciones difíciles en mi familia".

Quizás, sea un tanto incómodo al inicio, sin embargo, la mente, al igual que un músculo flexible, va a aceptarlo y moldearse en los días siguientes. ¡A pesar de la dificultad, continúe haciéndolo!

2. Escriba afirmaciones con mensaje de empoderamiento y colóquelos en lugares en donde los pueda ver todos los días.

3. Temprano en la mañana, durante su

desayuno o ducha, escuche mensajes de empoderamiento, positivismo, o incluso, escuche un audiolibro. Puede hacerlo por quince minutos. En lo personal prefiero hacerlo durante el tiempo que dedico al maquillaje.

4. Adopte la práctica de premiarse y alentarse cuando ha logrado algo, incluso cuando es un logro esperado. Y cuando me refiero a premiarse me refiero a permitirse dormir una hora más tarde, permitirse mirar una película hasta más tarde en la noche. Además, use expresiones que lo alienten, como: lo hice muy bien, soy la mejor, me merezco lo mejor. Esta práctica de premiarse y alentarse tiene la intensión de impregnar el entendimiento de que somos muy buenos profesionales, buenos en construir calidad, además, somos buenos con nuestras habilidades que mejorar el estilo de vida de otras personas.

5. Enumere las razones por las que se merece una mejor oferta de trabajo o merece que su proyecto de negocio funcione y sea aceptado por potenciales clientes e inversores.

Estos ejercicios diarios son los que va a moldear su realidad o ilusión.

La nueva creencia positiva sobre usted

mismo y su ilusión actual es la que le permite ganar la confianza necesaria para colocar un precio justo y placentero a cambio de sus servicios o productos.

Mi intención es que usted renuncie a pensar que cualquier opción de poca remuneración esta bien, o peor aún, que es lo único que existe y debe aceptar.

Confíe que este país esta lleno de oportunidades para usted.

Al momento de producir un producto o servicio, deje que su pasión y confianza en su intuición sean los que hagan felices a sus consumidores y clientes. Si aun es un dependiente laboral, use también el ejercicio y motívese a siempre entregar el mejor valor que tiene para dar. Atrévase a construir un personaje heroico en su día a día. Hágalo, porque usted es asombroso, porque es feliz haciendo lo que hace.

Le aseguro que sus ingresos van a multiplicarse. ¡Hágalo porque se lo merece!

Páguese a sí mismo primero antes que a sus deudas.

Para que otros lo valoren por lo que es, empiece a darse a sí mismo el valor que quiere que otros le den.

Muchos empresarios fallan en sus primeros intentos de emprendedores porque cuando los ingresos llegan, deciden pagar a sus empleados, las deudas, los proveedores y al final, si sobra un monto, entonces se lo quedan. Siguiendo esta práctica por dos o tres meses produce frustración y negatividad porque al igual que un negocio, su existir tiene un costo y al no poder cubrirlo el entusiasmo y positivismo empieza a opacarse. Cual una bola de nieve, se desencadenan circunstancias y eventos negativos, se pierde el enfoque de solucionar y termina hundiendo el negocio y a sus dueños.

Es común tener deudas. Hasta aquellos millonarios las tienen. La clave es como manejarlas e incluso apalancarlas.

Teniendo un mejor control de los ingresos y gastos mensuales le permite negociar deudas y las porciones de pago. Usted deberá aceptar tener el porcentaje de pago de la deuda en base a sus capacidades reales de generación de ingreso.

En el capítulo seis, se detalla una mejor práctica de administración de las finanzas personales. Este está hecho con el objetivo de tener una planificación de sus ingresos y cubrir sus gastos diarios e incluso la porción de sus deudas, de tal manera de evitar encontrarse con aquel incómodo momento en donde por dar prioridad a las deudas está corto de dinero para cubrir sus gastos diarios y el de su familia.

La práctica frecuente de manejo de finanzas debe empezarse inmediatamente y mantener su persistencia. Es muy aconsejable también mantenerse informado y entendido de mejores manejos de finanzas.

Se obtiene la libertad financiera a través de vivir la vida disfrutando de lo que mas gusta hacer en el momento deseado sin el mal sabor de no poder hacerlo por limite de dinero.

CAPÍTULO 4

ALCANCE LA METAS

Las metas son el resultado al que cada individuo apunta y espera alcanzar en un determinado periodo de tiempo.

La palabra meta procede del término griego μετά, que significa "más allá de" o "después de". Es decir, que es un objetivo por cumplir en un tiempo futuro que va "más allá".

Aunque la palabra meta y su significado es bastante común y conocido, le sorprendería saber que contradictoriamente, muchas personas aun no han encontrado sus metas y peor aún, no han alcanzado ninguna.

Establecer metas para su vida personal y su profesión es poderoso. Las metas son vistas como el combustible para avanzar. Las metas claras y establecidas son la motivación diaria para despertar y continuar. Las metas son importantes porque son la película con final feliz al que va a llegar después de todo el trabajo e inversión de tiempo, esfuerzo y recursos.

El no tener metas claras y establecidas,

somete a los individuos a una rutina aburrida, llena de frustración y pobreza.

Muchas personas pobres al ser preguntadas por sus metas no encuentran una respuesta inmediata, o si la tienen, la meta es más bien un sueño. El sueño de tener dinero. Y si continúa con las preguntas sobre por el monto específico de dinero deseado, esas mismas personas no están claras del monto de dinero deseado.

Entonces este desconocimiento nos lleva a concluir el confundir metas con sueños, entonces los sueños se quedan en sueños nada más. Y el dinero deseado no llega porque tampoco se tiene claro el monto de dinero deseado.

Aprovecho el tema de desear tener más dinero para aclarar que "tener más dinero" no es una meta. Más ingresos financieros es el resultado de una cadena sincronizada de acciones que llevan a alcanzar la meta, el monto de dinero recibido es el efecto de la realización acertada de aquellas acciones. Así, si el monto de dinero recibido es de su entera satisfacción, sus acciones y planificaciones son acertadas. El ingreso de dinero es limitado, entonces son sus acciones las que necesitan ser modificadas.

El autor Earl Nightingale, cuenta una pequeña fábula con respecto al dinero versus la cadena de acciones acertadas. La historia cuenta que un hombre le habla a la hoguera y le dice: Dame calor y entonces traeré y te pondré el combustible. El autor explica que ese es el error común de las personas pobres; pedirle a la hoguera que dé calor cuando es el esfuerzo de encontrar y poner la madera y el combustible lo que finalmente producirá el calor. De la misma forma con el dinero. Se requiere de establecer metas, trabajar para ellas a diario, y entonces, el dinero es un resultado obvio.

Deje de pedir calor a la hoguera y más bien empéñese en encontrar aquello que ama hacer y que da beneficio a otros. Trabaje en convertirse en líder de su industria. El dinero... habrá mucho.

Establezca metas

Basado en el libro Grit de la autora Angela Duckworth, la siguiente manera de establecer metas va a ser de forma cómoda y fácil para empezar (si esta es su primera vez estableciendo metas).

1. Encuentre aquello que más disfruta hacer. También puede desear ser el líder en su empresa o su industria.

Intente reunir su deseo en una frase de menos de diez palabras. (Tome en cuenta que la comunicación en idiomas diferente requiere de más o menos palabras. Por ejemplo, en inglés diremos que mi meta es Become the first female Marketing líder in Asia & Americas. Mientras que, en español, diría Convertirme en la primera mujer líder en Marketing en Asia y América. Y en chino; Wǒ chéngwéi yàzhōu hé měizhōu dì yī wèi nǚxìng yíngxiāo rényuán) Esta frase será su meta final y principal. Añádale una fecha e información específica de su especialidad y reconocimientos que desea obtener.

2. Ahora que tiene su meta top o principal es hora de desarrollar las metas del nivel medio. Es decir, que serán los alcances previos a la meta mayor. Siguiente a mi meta personal de convertirme en la primera mujer líder en Marketing, mi alcance más temprano al final será conseguir corporaciones líderes en países de América y vender mis servicios de consultoría en marketing y negocios internacionales. La siguiente meta es la misma y en Asia. La tercera meta de nivel medio es monetizar mis cursos corporativos en línea. Estas tres metas irán debajo de la meta mayor y tendrán fecha y detalles de tiempo límite para alcanzarlas.

3. También existen las metas de menor

nivel. Y estas son las metas diarias necesarias para encaminarle a obtener las de medio nivel. Lo interesante de estas metas es que son resultados que pueden ser modificados cuanto sean necesario. Por ejemplo: Realizar diez cursos en línea en el siguiente trimestre. Desarrollar una base de datos de 500 potenciales clientes. Desarrollar una serie de email marketing para contactar y convertir a los potenciales clientes en América y Asia.

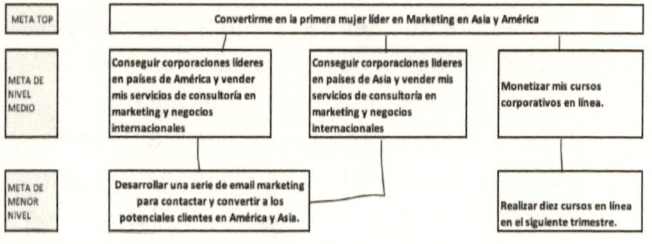

Recuerde que este es un ejemplar muy básico de lo que puede hacer. Es recomendable que realice uno para su profesión y uno para su vida personal.

CAPÍTULO 5

Predecir la lluvia no cuenta. Construir arcas sí – Warren Buffett

---

La mente del pobre versus la mente del rico.

D urante mi segundo año en Shenzhen había construido una reputación de confianza, responsabilidad, dedicación, y siempre de positivismo.

Mis empleadores chinos estaban tan contentos con mi trabajo y actitud que incluso traían a sus socios durante las celebraciones de nuevos clientes. Un par de veces escuché mencionar a mi jefe superior que deseaba que su hija de cuatro años llegase a ser una mujer de fortaleza, inteligencia, y actitud como yo. Este ha sido hasta el momento el mejor complemento que he recibido. Me siento orgullosa de ello.

¿Cómo Encuentro El Éxito?

Como trabajadora dependiente era de muchísimo valor. Aprendí a negociar con personas de negocios locales, además, aprendí a identificar a los trabajadores comprometidos y a los aprovechadores. Me quedé largas horas en reuniones en donde los miembros competían por quien fumaba los cigarrillos más exóticos, también tuve muchas horas en fábricas en donde las estaciones de corte y costura eran mesas de trabajo en el día y camas para los obreros en la noche.

Debía avanzar en mis relaciones comerciales y más bien encontrar empresas con mayor reputación que más bien me permitan usar mis conocimientos y talentos en marketing y branding. Entonces empecé con un par de horas diarias para involucrarme con fábricas que producían uniformes para azafatas de aerolíneas africanas además de hoteles cinco estrellas en las islas Seychelles, en donde los famosos de Hollywood celebran sus lunas de miel o vacaciones.

Con el éxito de mis charlas de motivación, me especialicé en entrenar a emprendedores en negocios y promoción, aun cuando yo no era emprendedora.

Para el cuarto año tenía tres diferentes ingresos de dinero de mis tres trabajos de siete días a la semana.

Mis ingresos me permitían comprar ropa

de diseñadores franceses, viajar y hospedarme en hoteles con muchas comodidades, además de pagar hoteles con habitaciones privadas para mi mascota.

Aprecié mucho el dinero porque me dio libertad y comodidad. Dejé de preguntar por precios o pedir rebajas porque yo podía adquirir lo que quisiera en cualquier momento.

Subestimé mi capacidad de producir dinero que cuando decidí renunciar a ser empleada para incursionar en mi negocio como exportadora de China para Estados Unidos y Canadá, mi efectivo se redujo en las siguientes ocho semanas. No sabía que debía preparar un colchón de efectivo suficiente para sobrevivir los siguientes seis meses por lo menos. Tal cual un niño que conoce el agua profunda por primera vez y salta sin boyas flotadoras, salté a ser emprendedora sin inversión o ahorros.

Me quedé sin mi departamento porque no podía pagar la renta. Y entonces era momento de aprender de finanzas. Leí libros, asistí a conferencias, y seguí cursos gratis en internet. En este capítulo intento compartir los pasos para el manejo de sus finanzas personales y la de su negocio antes de que sea demasiado tarde.

Con mi historia intento dejar presente en

mí y usted estimado lector, que se requiere construir la barca antes de que el diluvio llegue.

1. Relaciónese con ganadores – Mentalidad del rico.

Cuando encontré meetups en donde empresarios asistían con fines de escuchar a oradores exponer temas diferentes relacionados con e-commerce, importación, exportación, promoción, marketing digital y demás negocios, encontré que los ricos exitosos se interesan en aprender, escuchar y aprender.

Era tan interesante escuchar las expresiones que usaban, así como los temas en los que recalcaban su interés: organización de procesos, motivación al equipo de trabajo, altas horas de investigación, sin número de intentos, sesiones de lluvia de ideas fuera de lo común, además de horas de ejercicio físico, lectura, y meditación.

Mi fascinación por todo el mensaje y aprendizaje que encontraba en ellos era la motivación para siempre reservar más tiempo personal a este tipo de encuentros sociales.

2. Entregue y reciba influencia positiva en las redes sociales. – Mentalidad

del rico.

Vivimos en una generación en donde la conexión a internet es asumida como un elemento primario en el día a día. Es importante mencionar que gracias al internet tenemos acceso a información, actualizaciones, noticias, eventos que ocurren en cualquier parte del mundo al instante.

La exposición pública del estado emocional, financiero, familiar en las personas ha dado la connotación de que "todos vivimos los mismos dramas" por lo que cada evento es aceptado como "normal".

Por otro lado, veinte años atrás, nuestros padres insistían en mantenerlo todo en privado y puertas adentro. En reuniones de amistad o familia extendida no se hacían públicas las novedades de los hijos que tenían comportamientos y elecciones que "avergonzaban" a los padres. Esta situación se la entendía como si los "problemas" en una familia no ocurrían en otras. Sin ánimo de darle adjetivos como bueno o malo, intento decir que las redes sociales pueden crearle muchísimo valor cuando se enfoca en leer, seguir, y aprender de personas que entregan valor gratuito.

Así también sepa que detrás de cada comentario y video de como los animales u otros individuos aún sufren en alguna otra parte del mundo, sus comentarios, colocaciones multiplican el ruido o armonía en la comunidad. Continuar recalcando en los problemas permiten que se mantengan o se agraven. Ser un medio de energía positiva, emociones positivas, y oportunidades podrían salvar animales, el ambiente, e individuos en riesgos. Sea más consciente y maduro al momento de compartir noticias en redes sociales.

CAPÍTULO 6

LAS FINANZAS PERSONALES Y EMPRESARIALES

Si ya ha llegado a este último tema, gracias por tener la persistencia de continuar leyendo. Ahora lo invito a observar, aprender, y a mejorar sus finanzas personales.

La finanzas personales son el manejo adecuado del dinero que egresa y el gasto. El manejo de las finanzas personales le permite tener control y la libertad de planear sus actividades cotidianas. ¿Se ha encontrado en aquel momento en donde sin esperarlo aparecen entrenamientos, oportunidades de negocios, viajes, o incluso actividades familiares que requieren de su aporte económico y se siente incómodo porque no tiene aquellos recursos?

Seguro, más del 70% de la población mundial se ha visto en aquel momento. Ese no es el problema. El problema es si se sigue encontrando con la misma situación más de dos, tres, y cuatro veces. Es hora de aprender algo diferente. En este capítulo comparto mi práctica de manejo de finanzas personales. Gracias a este control frecuente he podido viajar y disfrutar sin sentirme apretada por la falta de dinero.

Otra ventaja de la administración de sus finanzas es que su relación con el dinero será más cercana e incluso brotará el amor, el agradecimiento y valor que la energía del dinero tiene para ofrecer.

Finalmente, se hará más sabio al momento de recibir propuestas de negocios o inversiones. Cuando haya tenido más claridad sobre el significado real del dinero, así como su fantástica energía, entonces su instinto se desarrolla y tomará decisiones más acertadas.

Si este es su primer intento de manejo de finanzas, sea muy honesto y disciplinado en practicar los siguientes pasos a continuación. Esta guía será de bastante ayuda para introducirse a la administración de sus finanzas.

En caso de tener un manejo frecuente y sistema de manejo de las finanzas, entonces le recomiendo visitar la página www.smartsheet.com y podrá encontrar formatos para un manejo de sus finanzas más al detalle. La meta es que todos lleguemos a manejar nuestro apreciado dinero al detalle.

1. Usando un pad de notas, registre claramente los ingresos fijos que tiene al mes. Sea honesto con usted mismo. Evite escribir un número alrededor de lo que percibe. Escriba la cantidad exacta después de la descripción (puede ser sueldo, ventas, comisión...). En diferentes columnas escriba también la cantidad exacta que recibe mensual, trimestral, semestral, u anual.

2. Ahora, debajo de los ingresos detalle los egresos. Haga el listado de los egresos semanales y mensuales. En otra columna va a detallar los egresos trimestrales, semestrales y anuales también. En este espacio usted deberá enlistar absolutamente todos sus gastos incluso impuestos anuales, mantenimiento del auto anual, visita semestral al dentista, deudas, tarjetas de crédito, hipotecas, seguro de vida y/o salud, etc.

3. Ahora, usando una calculadora para ser precisos en los cálculos va a restar todos sus gastos de los ingresos mes a mes. Note, que cada mes puede variar porque existen meses en los

que los gastos son más altos.

4. Observe y analice el resultado final. ¿Está contento con los resultados? ¿o no?

5. Ahora, va a dibujar una nueva franja. Y divídalo en cinco recuadros para: viajes, estudios, inversión, diversión, ahorros a largo plazo. Siguiendo su criterio personal va a priorizar los porcentajes que le dará a cada uno. Educación como lectura o cursos presenciales y en línea son vitales para su crecimiento. No le dé menos prioridad, al contrario, use la diversión como una forma de premiarse cuando logra una meta más. Así también el porcentaje para inversión y ahorros deben ser importantes porque ese es el futuro suyo y el de su familia. Ahora, con el resultado de la resta de ingresos y egresos divida en los porcentajes que decidió para cada una de las cinco categorías últimas. Recuerde que cada mes tiene un monto de dinero diferente.

6. Si es posible, abra una cuenta de banco nueva para designar el dinero que dirige al ahorro e inversión separadamente.

7. En casa, o en otra institución

financiera de su preferencia, deposite el monto designado para las otras cuentas como diversión, viajes y estudio. Sea disciplinado y use solamente aquellos fondos para cada una de las actividades mencionadas. En los siguientes seis meses ya podrá sentir la libertad que el control y manejo saludable de las finanzas produce.

Ingresos	Jan	Feb	Mar	Apr	May	Jun	Jul	Aug
Sueldo Mensual								
Comisiones								
Dividendos (inversiones)								
Mensual por alquiler de propiedad								

Egresos	Jan	Feb	Mar	Apr	May	Jun	Jul	Aug
Alimentación								
Crédito								
Préstamos								
Educación de los hijos								
Construcción								
Línea								
Inversión								
Diversión								
Vestimenta								
Transporte								
Educacion de hijos								

Construccion de Beneficios	Jan	Feb	Mar	Apr	May	Jun	Jul	Aug
Viajes								
Estudios/cursos en linea/libros								
inversion								
Diversion								
Ahorro								

¿Cómo Encuentro El Éxito?

Estimados lectores; recuerden que se requiere aplicar todos los pasos mencionados en estas páginas. El resultado deseado solo llega cuando existe el entendimiento extensivo de la ley de causa y efecto.

Mientras más esfuerzo, paciencia, trabajo y disciplina estén invertidos en construir el presente y futuro deseado, entonces esa meta ocurrirá tal o mejor de lo que espera.

Si no existe perseverancia, entonces no llegará a mirar los resultados deseados. Mientras más temprano empiece, más temprano verá los resultados.

¡Confíe!